Kati Breuer & Stephen Janetzko:
Polonäse -
- Neue Kinderlieder zum Ankommen, Bewegen, Mitmachen, Ausruhen und Tschüs sagen

Das Liederbuch mit allen Texten, Noten und Gitarrengriffen zum Mitsingen und Mitspielen

Gesammelt und herausgegeben von Stephen Janetzko

Copyright © 2014 Verlag Stephen Janetzko, Erlangen
www.kinderliederhits.de
Alle Lieder verlegt bei Edition SEEBÄR- Musik Stephen Janetzko, Erlangen
Online-Shop im Internet unter www.kinderlieder-shop.de
Titelillustration unter Verwendung von happy children © casaltamoiola - Fotolia.com
Covervorbereitung: Stephen Janetzko - finale Covergrafik: Marco Breitenstein
Notensatz, grafische Vorbereitung und Idee: Stephen Janetzko
All rights reserved.

ISBN-10: 3957220718

ISBN-13: 978-3-95722-071-4

Inhaltsverzeichnis

Lied:	**Seitenzahl:**
Hey, hallo, guten Morgen!	4
Polonäse	6
Auf und nieder	7
Die kunterbunte Bahn	8
Wir wollen alle miteinander	9
Arme hoch und Arme runter (Ich dreh mich um ...)	10
Fritz und Frieda und Fine und Franz	11
Wenn ich müde bin	12
Wir singen Schubidua	13
Hin und her, brauner Bär	14
Laternchen (Laternchen-Lied)	15
Wir fahrn zu Tante Gundula	16
Bruderherz - komm, tanz mit mir!	17
Schlusslied (Auf Wiedersehn, auf Wiedersehn!)	18
Ciao, bye-bye, ade	19

Hey, hallo, guten Morgen!
- Morgen-Begrüßungs-Mitmachlied -

Text und Musik: Stephen Janetzko; CD "Polonäse"
© Edition SEEBÄR-Musik Stephen Janetzko, www.kinderliederhits.de

Refrain: Hey, hallo, guten Morgen ...

2. Ab geht es in den Kindergarten,
wo meine Freunde auf mich warten.
Ich spring die ganze Zeit herum,
da ist der Vormittag schnell um!

Refrain: Hey, hallo, guten Morgen ...

3. Den ganzen Tag nur gute Laune,
so dass ich selbst darüber staune (ohh!)
In meinem Herzen Sonnenschein -
so soll es alle Tage sein!

Refrain: Hey, hallo, guten Morgen ...

Spielhinweise:
Hier können wir zu jeder Zeile eine Bewegung machen!
Lasst Euch was einfallen!
Mein Vorschlag:

Refrain:
Die ersten beiden Zeilen winken, dann auf der Stelle gehen,
letzte Zeile beide Daumen hoch.
Oder z.B. winken, mitklatschen, zum Schluss Muskeln zeigen.

1. Strophe:
gähnen,
Zähne putzen,
anziehen,
essen.

2. Strophe:
auf der Stelle laufen,
Kopf in Wartehaltung in Hände legen,
springen,
auf (imaginäre) Uhr am Handgelenk deuten.

3. Strophe:
Mundwinkel mit den Zeigefingern nach oben ziehen,
Mundwinkel mit den Zeigefingern zusammendrücken (Fischmäulchen),
Hand aufs Herz,
beide Daumen hoch.

Polonäse

Text und Musik: Kati Breuer; CD "Polonäse"
© Edition SEEBÄR-Musik Stephen Janetzko, www.kinderliederhits.de

Refrain: Wenn wir...

2. Wir hörn alle die Musik, und gehn vorwärts Schritt für Schritt.
Durch das Haus zieht eine lange kunterbunte Kinderschlange.

Refrain: Wenn wir...

3. Liebe Leute, wisst ihr was? Polonäse macht uns Spaß!
Durch das Haus zieht eine lange kunterbunte Kinderschlange.

Refrain: Wenn wir...

Zwischenteil (3x):
Po (Po)
Polo (Polo)
Polonä (Polonä)
Polonäse!

Nochmal Refrain und Strophe 1.

Auf und nieder

Text und Musik: Stephen Janetzko; CD "Polonäse"
© Edition SEEBÄR-Musik Stephen Janetzko, www.kinderliederhits.de

Refrain: Auf und nieder, immer wieder…

2. Arme in den Himmel strecken und nach oben schaun,
heute ist ein schöner Tag, darauf kannst du vertrauen. (2x) **Refrain:** Auf und nieder, immer wieder…

3. Und wir laufen durcheinander kreuz und quer im Raum,
finden wieder unsern Platz und stehn fest wie ein Baum. (2x) **Refrain:** Auf und nieder, immer wieder…

4. Wenn wir uns im Kreise drehen, alle auf der Stell´,
jeder findet seinen Rhythmus, langsam oder schnell. (2x) **Refrain:** Auf und nieder, immer wieder…

5. Wenn wir springen, wenn wir springen hoch und höher, dann
können wir zu fliegen lernen, denn so fängt das an. (2x) **Refrain:** Auf und nieder, immer wieder…

6. Stampfen, stampfen auf dem Boden, klatschen in die Hand,
und mit guter Laune geht es durch das ganze Land. (2x) **Refrain:** Auf und nieder, immer wieder…

7. Laufen wir auf allen Vieren, jeder, wie er kann,
krabbeln, singen, und das Lied, das fängt von vorne an. (2x) **Refrain:** Auf und nieder, immer wieder…

8. Fassen wir uns an die Hände, stell`n uns auf im Kreis,
wir gehören fest zusammen, das ist der Beweis! (2x)

Die kunterbunte Bahn

Text und Musik: Kati Breuer; CD "Polonäse"
© Edition SEEBÄR-Musik Stephen Janetzko, www.kinderliederhits.de
Tempo: ca. 150

1. Heute wolln wir alle fahr'n mit der roten Eisenbahn. Wer etwas Rotes hat, hängt sich an - an die rote Eisenbahn. Tschu-ku-tschu-ku-tschu-tschu, tschu-ku-tschu-ku-tschu, hier kommt die rote Eisenbahn! Tschu-ku-tschu-ku-tschu-tschu, tschu-ku-tschu-ku-tschu, hier kommt die rote Eisenbahn!

2. Heute wolln wir alle fahr'n mit der grünen Eisenbahn...

3. ...mit der blauen Eisenbahn...
4. ...mit der gelben Eisenbahn...
5. ...mit der bunten Eisenbahn...

Wir wollen alle miteinander

2. Wir wollen alle miteinander, wir wollen alle miteinander,
wir wollen alle miteinander ins Gesicht des Nachbarn sehn,
wir wollen alle miteinander ins Gesicht des Nachbarn sehn.

3. Wir wollen alle miteinander, wir wollen alle miteinander,
wir wollen alle miteinander fröhlich in den Tag nun gehn,
wir wollen alle miteinander fröhlich in den Tag nun gehn.

Arme hoch und Arme runter
- Ich dreh mich um mich selbst im Kreis -
Text und Musik: Stephen Janetzko; CD "Polonäse"
© Edition SEEBÄR-Musik Stephen Janetzko, www.kinderliederhits.de

1. Ich dreh mich um mich selbst im Kreis. (1, 2, 3.) Ich gehe einen Schritt nach vorn.
Ich sag dem Nachbarn, was ich weiß ("bla bla bla") Und wackel mit den Ohr'n.
Refrain: Arme hoch und Arme runter, in die Knie -(klatsch, klatsch)- ich bin putzmunter.

2. Ich schließe meine Augen zu; ich hüpfe wie ein Känguru;
ich zwick mir in den Arm - "pardon!" Und spiel Akkordeon, und spiel Akkordeon.
Refrain: Arme hoch und Arme runter...

3. Ich glaub, dass ich ein Hase bin; ich huste leise vor mich hin;
ich mache eine große Faust und streck die Zunge raus und streck die Zunge raus.
Refrain: Arme hoch und Arme runter...

4. Ich blöke einmal wie ein Schaf; ich tue so, als ob ich schlaf;
ich heb das linke Bein im Nu, das rechte gleich dazu, das rechte gleich dazu.
Refrain: Arme hoch und Arme runter...

5. Ich halte meinen Atem an; ich stampfe mit den Füßen dann.
Jetzt schwimm ich wie ein Fisch im Meer und rufe: "Seht mal her!";
und rufe: "Seht mal her!"
Refrain: Arme hoch und Arme runter...

6. Ich schaue in ein fernes Land; ich fliege, das ist allerhand!
Ich halte meine Nase zu und singe: "Schubidu", und singe: "Schubidu"!
Refrain: Arme hoch und Arme runter...

7. Nun springe ich, so hoch ich kann, und fang ganz laut zu lachen an!
Bin anschließend mucksmäuschenstill. Nun tu ich, was ich will! Nun tu ich, was ich will!
Refrain: Arme hoch und Arme runter...

Fritz und Frieda und Fine und Franz

Text und Musik: Kati Breuer; CD "Polonäse"
© Edition SEEBÄR-Musik Stephen Janetzko, www.kinderliederhits.de

2. Der Fritz und die Frieda, die Fine und der Franz,
die tanzen heute wieder ihren Lieblingsklatschetanz. (2x)
Da klatschen alle hin …

3. Der Fritz und die Frieda, die Fine und der Franz,
die tanzen heute wieder ihren Lieblingszappeltanz. (2x)
Da zappeln alle hin …

4. Der Fritz und die Frieda, die Fine und der Franz,
die tanzen heute wieder ihren Lieblingsschleichetanz. (2x)
Da schleichen alle hin …

Wenn ich müde bin

Text und Musik: Stephen Janetzko; CD "Polonäse"
© Edition SEEBÄR-Musik Stephen Janetzko, www.kinderliederhits.de

2. Doch wenn Mama schaut, ja, dann schnarch ich laut,
denn wer sich das traut, der wird angeschaut.
Mama lacht so süß, wenn sie bei mir ist.
Sie sagt: „Lieber Schatz, bitte mach mal Platz!"

Refrain: Ich bin müde...

3. Wenn ich müde bin, lege ich mich hin.
Ganz egal wohin. Weil ich müde bin.

Spielhinweise:
Ein freundliches Lied zum Runterkommen, Ausruhen und Chillen für Kinder, ob nach dem Kinderturnen, in Mutter-Kind-Gruppen, nach einer Bewegungseinheit oder einfach zu Hause. Das Kind/die Kinder legen sich einfach irgendwo gemütlich ausgestreckt ab. Ist die Mama da (oder der Papa), kommt sie in der 2. Strophe zum (schnarchenden) Kind und legt sich einfach dazu. Sind in einer Kindergruppe keine Mamas da, können die Kinder vorher sich paarweise verabreden und besprechen, wer die Mama ist ☺.

Wir singen Schubidua

Text und Musik: Kati Breuer; CD "Polonäse"
© Edition SEEBÄR-Musik Stephen Janetzko, www.kinderliederhits.de

2. Wir tanzen Schubidua...

3. Wir stampfen Schubidua...

4. Wir klatschen Schubidua...

5. Wir laufen Schubidua...

Hin und her, brauner Bär

Text und Musik: Kati Breuer; Melodiebearbeitung: Stephen Janetzko; CD "Polonäse"
© Edition SEEBÄR-Musik Stephen Janetzko, www.kinderliederhits.de

2. ... dann sitzen *Erwachsene* nicht mehr still...

3. ... dann sitzen *wir alle* nicht mehr still...

Laternchen, Laternchen
(...ich trage dich am Stab)

Text: Stephen Janetzko; Musik: Kati Breuer; CD "Polonäse"
© Edition SEEBÄR-Musik Stephen Janetzko, www.kinderliederhits.de

1. Laternchen, Laternchen, ich trage dich am Stab. Die ganze Welt soll sehen, dass ich dich gerne hab. Die ganze Welt soll sehen, dass ich dich gerne hab.

2. Am Himmel die Sterne, sie lachen nur für uns.
Ein jeder leuchtet anders, das ist die hohe Kunst. (2x)

3. Laternchen, Laternchen, du strahlst auf mein Gesicht.
Wir zwei sind stets verbunden, ich folge deinem Licht. (2x)

Wir fahrn zu Tante Gundula

Text und Musik: Kati Breuer; CD "Polonäse"
© Edition SEEBÄR-Musik Stephen Janetzko, www.kinderliederhits.de

1. Wir fahren mit dem Fahrrad zu Tante Gundula.
Wir fahren mit dem Fahrrad und bald sind wir schon da:
Helm nehmen, aufsteigen, umgucken, losfahrn. (2x)
Wir fahren mit dem Fahrrad und bald sind wir schon da, bei Tante Gundula.

2. Wir fahren mit dem Auto zu Tante Gundula.
Wir fahren mit dem Auto und bald sind wir schon da:
Einsteigen, anschnallen, Schlüssel drehen, losfahrn. (2x)
Wir fahren mit dem Auto ...

3. Wir fahren mit der Eisenbahn zu Tante Gundula.
Wir fahren mit der Eisenbahn und bald sind wir schon da:
Einsteigen, Platz suchen, hinsetzen, losfahrn. (2x) ...

4. Wir gehen einmal zu Fuß heut zu Tante Gundula.
Wir gehen einmal zu Fuß heut und sind noch lang nicht da:
Um die Ecke wie `ne Schnecke, langsam gehn und auch mal stehn. (2x) ...

5. Wir fliegen mit Raketen zu Tante Gundula.
Wir fliegen mit Raketen und bald sind wir schon da:
Einsteigen, Helm nehmen, Countdown starten. (2x)
10, 9, 8, 7, 6, 5, 4, 3, 2, 1 - Looooos! ...

Bruderherz - komm, tanz mit mir!

Refrain: Schwesterherz - komm, tanz mit mir, tanz mit mir, tanz mit mir,
Schwesterherz - komm, tanz mit mir, komm, tanz mit mir.

3. Heben wir den rechten Arm ...
4 Heben wir den linken Arm ...
Refrain: Bruderherz - komm, tanz mit mir ...

5. Klatschen wir doch in die Hand ...
6. Stampfen wir doch mit dem Fuß ...
Refrain: Schwesterherz - komm, tanz mit mir ...

7. Watscheln wir im Kreis herum ...
8. Springen wir doch in die Luft ...
Refrain: Bruderherz - komm, tanz mit mir ...

9. Schließen wir die Augen zu ...
10. Gehn wir in die Hocke nun ...
Refrain: Schwesterherz - komm, tanz mit mir ...

11. Wackeln wir doch mit den Ohr`n ...
12. Halten wir die Nase zu ...
Refrain: Bruderherz - komm, tanz mit mir ...

13. Einen Bauchtanz machen wir ...
14. Setzen wir uns kurz zur Ruh ...

Schlusslied
(Auf Wiedersehn, auf Wiedersehn!)

Text: Kati Breuer; Musik: Stephen Janetzko; CD "Polonäse"
© Musik: Edition SEEBÄR-Musik Stephen Janetzko, www.kinderliederhits.de

Auf Wiedersehn, auf Wiedersehn! Bevor wir gleich nach Hause gehn: Noch einmal einen Kreis gemacht - aufgepasst und mitgemacht:
Ein Schritt vor, ein Schritt zurück, und zum Nachbarn geht der Blick!
Arme schütteln, rechts und links! Beine schütteln, ja das bringt's!
Viermal in die Hände klatschen, viermal auf die Beine patschen,
Finger wackeln hin und her - und die Popos noch viel mehr!
Und zum Schluss ganz stille stehn... auf Wiedersehn, auf Wiedersehn!

Ciao, bye-bye, ade

Text und Musik: Stephen Janetzko; CD "Polonäse"
© Edition SEEBÄR-Musik Stephen Janetzko, www.kinderliederhits.de

Tempo: ca. 148

Ciao, bye-bye, a - de! Ich geh jetzt nach Hau-se! Denn der Kin-der-gar-ten, der

braucht jetzt mal ne Pau-se. Da wird ge-putzt, ge-schrubbt, da-mit es mor-gen

wie-der fluppt. Und ich, ich hab jetzt frei! Drum tschüs, a - de, bye - bye!

DIE CD ZUM BUCH:

Kati Breuer & Stephen Janetzko:
CD POLONÄSE - Neue Kinderlieder zum Ankommen, Bewegen, Mitmachen, Ausruhen und Tschüs sagen
Neue Lieder für Kindergarten, Spielgruppe, Kinderturnen & zu Hause!

Alle Lieder der CD:
1. Hey, hallo, guten Morgen!
2. Polonäse
3. Auf und nieder
4. Die kunterbunte Bahn
5. Wir wollen alle miteinander
6. Arme hoch und Arme runter
7. Fritz und Frieda und Fine und Franz
8. Wenn ich müde bin
9. Wir singen Schubidua
10. Hin und her, brauner Bär
11. Laternchen
12. Wir fahrn zu Tante Gundula
13. Bruderherz - komm, tanz mit mir!
14. Schlusslied
15. Ciao, bye-bye, ade

- PLUS 11 Instrumentalversionen!
- PLUS ALLE Texte, Noten und Gitarrengriffe (16-seitiges Booklet!)
- EINFACH UND IDEAL zum sofortigen Mitspielen, Singen!

Über unsere Polonäse-CD: Was dabei rauskommt, wenn zwei Kinderliedermacher ihre Ideen in einen Topf werfen und einmal kräftig umrühren? Na ungefähr sowas: Hey, hallo, guten Morgen! Durch das Haus zieht eine lange kunterbunte Bahn - schubidua! Bruderherz, komm, tanz mit mir, wenn ich müde bin. Arme hoch, brauner Bär, wir fahrn zu Tante Gundula! Ciao, bye-bye, ade, Laternchen... kurz, eine CD mit 15 tollen neuen Liedern für Kindergarten, Spielgruppe und Kinderturnen zum Anhören, Singen und Mitmachen. Wir hatten schon viel Spaß beim Erfinden und Ausprobieren - und nun wünschen wir allen großen und kleinen Menschen viel Freude beim Singen und Mitmachen! Eure Kati & Stephen.

Alterszielgruppe ca. 1-8 Jahre/ Spieldauer **ca. 74 min.**
Best.-Nr. 91033-280, ISBN **978-3-95722-053-0**
INFO & SHOP: **www.kinderliederhits.de** © SEEBÄR-Musik (Labelcode LC 05037)

DIE AUTOREN DIESES LIEDERBUCHS:

Kati Breuer & Stephen Janetzko

Kati Breuer

Kati leitet seit vielen Jahren eine kleine private Musikschule, in der sie mit Kindern von ca. 1 bis 14 Jahren singt, spielt und Musik macht. 2014 erschien die CD „Sankt Martin ritt durch Schnee und Wind", mit der Kati sogar Platz 1 der iTunes-Kindercharts erreichen konnte. 2015 geht es weiter mit CD und Buch „Piepmatzlieder - 25 frische Singhits für fröhliche Kinder zum Schaukeln, Trippeln, Stampfen und Zappeln". Ihre Kinderlieder passen bestens in Eltern-Kind-Gruppen, Krippe, Spielkreis, Kindergarten und natürlich für zu Hause:

www.katibreuer.de

Stephen Janetzko

Mit einer 20-minütigen MC „Der Seebär" fing alles an, heute sind es weit über 600 Kinderlieder, die der gebürtige Hagener Liedermacher bereits auf über 50 CDs und in zahllosen Liedsammlungen veröffentlicht hat. Viele davon, wie „Hallo und guten Morgen", „Wir wollen uns begrüßen", „Augen Ohren Nase", „Das Lied von der Raupe Nimmersatt", „Hand in Hand" oder „In meiner Bi-Ba-Badewanne", werden heute gesungen in Kindergärten, Schulen und überall, wo Kinder sind.

www.kinderliederhits.de

BISHER ERSCHIENENE BÜCHER IM VERLAG STEPHEN JANETZKO:

- Kati Breuer: **Piepmatzlieder - 25 frische Singhits für fröhliche Kinder zum Schaukeln, Trippeln, Stampfen und Zappeln:** Das Liederbuch mit allen Texten, Noten und Gitarrengriffen zum Mitsingen und Mitspielen - *ISBN 978-3-95722-078-3*

- Christina Klenz: **Gute Nacht, flüstert die Elfe: Eine zauberhafte Einschlafgeschichte mit Fantasiereise** - *ISBN 978-3-95722-077-6*

- Stephen Janetzko: **Es schneit, es schneit, es schneit! – Ein Schnee-und-Winter-Lieder-Buch:** Das Liederbuch mit allen Texten, Noten und Gitarrengriffen zum Mitsingen und Mitspielen (Viele neue Schnee-Lieder für Winter und Fasching) - *ISBN 978-3-95722-076-9*

- Christa Baumann/Stephen Janetzko: **Weiße Flocken überall - Das Lieder-Spiele-Mitmach-Buch für Winter und Schnee:** 15 Lieder, Kreativideen, ein Geburtstags-Jahreskalender, Spiele im Schnee, Rezepte und Experimente für die Zeit der Schneemänner und Schneeflocken - *ISBN 978-3-95722-075-2*

- Christa Baumann/Stephen Janetzko: **Weihnachtsfeier und Krippenspiel - Das Lieder-Spiele-Mitmach-Buch für die Zeit kurz vor Heiligabend:** 15 Lieder, weihnachtlich Kreatives, Spielideen, Experimente und Rezepte rund um die Weihnachtsgeschichte und die Heilige Nacht
ISBN 978-3-95722-074-5

- Christa Baumann/Stephen Janetzko: **Der Advent ist da - Das Lieder-Spiele-Mitmach-Buch für die Kerzenzeit:** 15 Lieder, Kreatives, Ideen, Experimente, Rezepte und tolle Mitmach-Aktionen rund um Kerzen, Engel, Sterne und Adventskalender - *ISBN 978-3-95722-073-8*

- Christa Baumann/Stephen Janetzko: **Nikolaus - Das Lieder-Spiele-Mitmach-Buch für den 6. Dezember:** 15 Lieder rund um den Nikolaustag, Kreatives, Ideen für die Nikolausfeier, Rezepte, Nikolauslegenden und tolle Mitmach-Aktionen - *ISBN 978-3-95722-072-1*

- Stephen Janetzko: **Augen Ohren Nase - Neue Mitmach-, Lern- und Spielkreis-Lieder von Stephen Janetzko:** Das Liederbuch mit allen Texten, Noten und Gitarrengriffen zum Mitsingen und Mitspielen - *ISBN 978-3-95722-070-7*

- Christa Baumann/Stephen Janetzko: **Und wieder brennt die Kerze - Das große Mitmach-Buch für Advent und Weihnachten:** Mit 25 einfachen Liedern, Kreativideen, Rezepten, Geschichten und tollen Winter-Aktionen - *ISBN 978-3-95722-068-4*

- Stephen Janetzko: **Das Licht einer Kerze - Die 25 schönsten Weihnachtslieder:** Das Liederbuch mit allen Texten, Noten und Gitarrengriffen zum Mitsingen und Mitspielen - *ISBN 978-3-95722-067-7*

- Stephen Janetzko: **Der Herbst ist da - Die 25 schönsten Herbstlieder:** Das Liederbuch mit allen Texten, Noten und Gitarrengriffen zum Mitsingen und Mitspielen - *ISBN 978-3-95722-065-3*

- Christa Baumann/Stephen Janetzko: **Ein bisschen so wie Martin - Das große Kindergarten-Buch für Herbst und Sankt Martin:** Mit 25 bekannten und neuen Liedern fürs Laternenfest, vielen Geschichten und tollen Herbst-Aktionen - *ISBN 978-3-95722-064-6*

- Stephen Janetzko: **Sankt Martin ritt durch Schnee und Wind - Die 25 schönsten Laternenlieder:** Das Liederbuch mit allen Texten, Noten und Gitarrengriffen zum Mitsingen und Mitspielen - *ISBN 978-3-95722-061-5*

- Christa Baumann/Stephen Janetzko: **Indianer - Das große Lieder-Geschichten-Spiele-Bastelbuch:** Mit vielen Liedern von Stephen Janetzko und Geschichten von Rolf Krenzer
ISBN 978-1499637359 (ab 2015: 978-3-95722-060-8)

… mehr Info, mehr CDs, mehr Lieder & Noten:
www.kinderliederhits.de

Alle Rechte vorbehalten.

Dieses Werk ist urheberrechtlich geschützt. Jegliche Vervielfältigung und Verwertung ist nur mit Zustimmung der Autoren bzw. des Verlags zulässig. Das gilt insbesondere für Übersetzungen, die Einspeicherung und Verarbeitung in elektronischen Systemen sowie für das öffentliche Zugänglichmachen wie zum Beispiel über das Internet.
Ein Nachdruck oder eine Weiterverwertung ist nur mit schriftlicher Genehmigung des Verlags möglich.

© Verlag Stephen Janetzko, **www.kinderliederhits.de**

www.ingramcontent.com/pod-product-compliance
Lightning Source LLC
Chambersburg PA
CBHW081504040426
42446CB00016B/3390